工商企业管理专业规划教材

U1018978

团队建设与管理实训指导

主　编　唐美菊　禤永明　刘秋华
副主编　李　琼　陈超华　阮凌云
参　编　刘五平　谭　碧　李　婷
　　　　黄建祥　侯　娟　冯世杰
　　　　丘川平　覃伟毅　黄荣媚

中国财经出版传媒集团
中国财政经济出版社

图书在版编目（CIP）数据

团队建设与管理实训指导 / 唐美菊，禤永明，刘秋华主编．—北京：中国财政经济出版社，2019.7

工商企业管理专业规划教材

ISBN 978-7-5095-8927-4

Ⅰ.①团… Ⅱ.①唐… ②禤… ③刘… Ⅲ.①企业管理-组织管理学-高等学校-教材 Ⅳ.①F272.9

中国版本图书馆 CIP 数据核字（2019）第 053251 号

责任编辑：王佳欣　　　　特邀校对：卓文娟
封面设计：育林华夏

中国财政经济出版社出版
URL：http：//www.cfeph.cn
E-mail：cfeph@cfeph.cn

社址：北京市海淀区阜成路甲 28 号　邮政编码：100142
营销中心电话：010-88191537
北京富生印刷厂印刷　各地新华书店经销
787×1092 毫米　16 开　7.75 印张　181 000 字
2019 年 7 月第 1 版　2021 年 8 月北京第 5 次印刷
定价：25.00 元
ISBN 978-7-5095-8927-4
（图书出现印装问题，本社负责调换）
本社质量投诉电话：010-88190744
打击盗版举报热线：010-88191661，QQ：2242791300

前言

如何打造一流的团队、提高团队凝聚力、最终提高团队整体效能是目前各行各业都非常重视的一个问题，也是每一位管理者在不断思考的问题。不同的专家、学者都著书立说，提出了非常好的建议和理论。本实训指导为了方便教师、管理者更好地掌握一些基本的熔炼团队的方式和技巧，本着操作的便捷性、规范性，博采众长，从 8 个方面归纳总结了一些在创建优秀团队过程中比较容易实施且不受太多器材、费用限制的实训项目供参考使用。本实训指导的框架如下：

1. 团队组织建设（第一单元）：在团队建设之初，通过开展一些实训项目，快速建立团队，让队员迅速融入到一个新的团队中去。

2. 团队文化建设（第二单元）：在团队建设之初，开展一系列活动引导队员创建团队文化，理解团队文化，接纳团队文化，展示团队文化。

3. 团队领导力建设（第三单元）：着力引导队员在活动中提升自己的领导力，明确领导力的源泉，学会领导和服从。

4. 团队激励机制建设（第四单元）：在游戏和活动中验证不同激励方法的作用和意义，引导队员学会激励他人，勉励自我。

5. 团队沟通机制建设（第五单元）：引导队员在完成项目的过程中学会沟通的方法和技巧，了解沟通的本质。

6. 团队人际关系建设（第六单元）：通过实施一系列活动，帮助队员学会建立和维护良好的人际关系，提高人际交往能力。

7. 团队能力建设（第七单元）：通过引导队员完成一系列的项目挑战，帮助队员提升综合素质和技能，从而提高团队整体效能。

8. 团队冲突性管理建设（第八单元）：引导队员在游戏和活动中学

会正确对待冲突，化解冲突，掌握冲突的处理技巧。

本书由广西经贸职业技术学院团建课程团队唐美菊、禤永明、刘秋华三位老师任主编，负责总体策划和结构设计，李琼、陈超华、阮凌云任副主编。其余参编人员有刘五平、谭碧、李婷、黄建祥、侯娟、冯世杰、丘川平、覃伟毅、黄荣媚。具体编写分工如下：唐美菊编写第五单元和第七单元，禤永明编写第一单元和第六单元，刘秋华编写第三单元和第四单元，李琼编写第二单元和第八单元，其余编写人员主要负责搜集资料和提供素材。全书最后由唐美菊总纂定稿。本实训指导主要作为高职高专工商管理类专业学生学习的教材，同时也可作为企事业单位管理人员培训教材。

在本书的编写过程中，我们参阅了大量的文献资料，借鉴了很多同行的先进教学方法和理念，对这些资料的著者、编者、出版者以及所有支持我们教学改革的同事、同行们一并表示最衷心的感谢！

编　者

2019年7月

目录

第一单元　团队组织建设

实训总课时：6 课时

项目一　组建团队

项目概述

组建团队是团队建设工作的起点，通过各种巧妙的方式进行分组和开展相关活动，可以让每个队员快速融入团队，消除彼此间的陌生感。

实训目标

通过组建团队，逐步培养队员的组织归属感，明确自己在团队中的位置，初步体验团队精神和团队意识。

操作流程

（1）人数、时间：项目人数以 40 人左右为宜，项目完成时间约需 120 分钟。

（2）场地器材：室内或室外宽阔平整的场地，准备队旗、彩色笔、白纸若干张（可根据分组的数量自行确定）。

（3）操作规则。

①以报号或其他方式，将整个团队分成若干组，每个小组组成一个新的团队。

②各团队选出一名队长和一名政委（或助理），最好男女搭配。

③制作队旗：各团队确定队名、队标、队呼[①]、队歌。把队名、队标画到队旗上，练习队呼和队歌。

④就职演说：队长、政委（或助理）分别发表简短的就职演说。

⑤授旗仪式：老师或培训师将队旗授予各队队长。

图 1–1

图 1–2

① 队呼：团队的宗旨，也是团队核心价值的体现。

⑥风采展示：各团队以自己独特的方式上台展示本队队名、队呼、队歌等。

图 1–3

⑦宣誓仪式：老师或培训师带领全体队员举右手宣誓，并宣布培训纪律。

图 1–4

经验分享

（1）通过组建团队，你收获了什么？

（2）你将在自己的团队中承担哪些责任？做出哪些贡献？

总　结

思　考

（1）为什么要组建团队？如何理解本团队的队名、队标和队呼？

（2）你如何才能让自己在短时间内融入到一个新的团队中去？

项目二　漫画自我

项目概述

漫画自我是队员进行自我推介、团队破冰的一种有效方式。让队员以漫画的形式表达自己的优缺点，既形象生动，又能让相互交流的过程充满乐趣，从而达到团队成员快速融合的目的。

实训目标

通过漫画自我，让队员认识自我、推介自我，快速消除队员之间的隔阂，营造和谐、欢快的团队氛围。

操作流程

（1）人数、时间：项目人数以 20～100 人为宜，项目完成时间约需 30 分钟。

（2）场地器材：室内或室外宽阔平整的场地，准备与队员人数相等的胸牌卡片、纸笔等。

（3）操作规则。

①每人在一张胸牌卡片的正面写上自己的代号、团队名称，以漫画的形式画出自己的三个优点和一个缺点（不要以文字形式描述），在卡片的背面写上自己最喜欢的一句座右铭、自己的真实姓名、班级等。

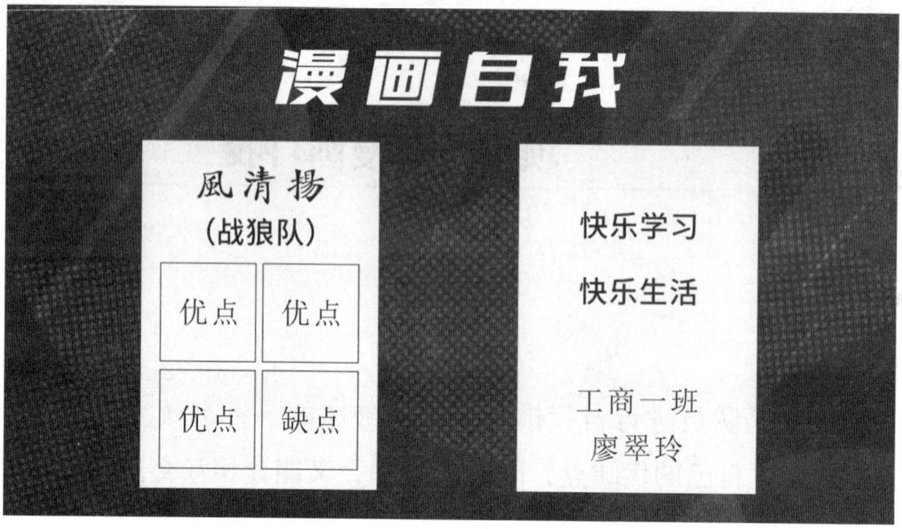

图 1–5

②每人拿着自己的卡片从本团队开始到别的团队去让更多的人认识自己，自己也要尽可能多地记住别人的代号、优缺点。

图 1–6

经验分享

（1）通过漫画自我，你是否重新认识了自己？

（2）认识和记住别人，给你带来了什么变化？

总　结

思　考

（1）你是通过什么方式去认识更多的队友并记住他们的名字和特征的？

（2）你为营造和谐、欢快的团队氛围做出了哪些贡献？

项目三　众志成城

项目概述

众志成城是一个团队所有成员同心协力、不断向目标发起冲击的经典项目。团队目标是团队决策的前提，也是团队运作的核心动力，更是发展团队合作的一面旗帜。团队目标不仅关系到团队全体队员的利益，同时也是鼓舞队员斗志、协调队员行动的关键要素。

实训目标

团队全体成员努力协作，不断制定目标并达成目标。通过此项目，让队员学会责任担当、团结协作、合作共赢，从而为达成团队目标而全力以赴。

操作流程

（1）人数、时间：项目人数以 20～40 人为宜，项目完成时间约需 40 分钟。

（2）场地器材：室内或室外宽阔平整的场地，准备秒表一块以及用于记录时间的纸笔。

（3）操作规则。

①物品摆放：把身上容易掉落或尖锐的物品，分队分别在不同的区域内摆放。

②队列调整：每队的队长出列，指挥本队队员由高到低排成一行，人数要基本相等，行间距大约是两步。

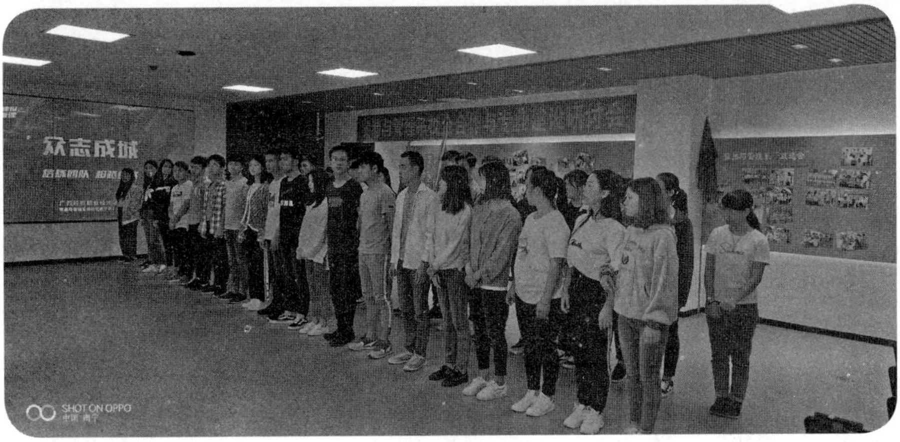

图 1–7

③项目规则。

a. 口令：一共三个口令，当听到第一个口令“请准备”时，请你和左右两边的队友，胳膊紧紧地挽在一起；当听到第二个口令“请坐下”时，所有人慢慢的坐下，臀部着地，双腿平伸；当听到第三个口令“1，2，起”时，所有人的胳膊在不打开的情况下迅速起立，开始计时。

图 1–8

b. 计时原则：从下达“起”的口令到最后一位队员站起来，这中间的时间为该团队的有效时间。

④健康调查：由于该项目的特殊性，以下人员可以不参与体验，但是可以在旁边为队友鼓励加油，或者给出合理化建议，因为你也是团队中的一员。

a. 有严重的心脏病或者严重的高血压。

b. 有严重的腰间盘突出或颈椎突出。

c. 最近几个月做过大型手术。

d. 怀有身孕。

⑤注意事项。

a. 队列两边的队员，也要把胳膊挎在一起，并提醒大家把胳膊挎紧，起立时不要打开，更不要把手接触到地面，以免手部受伤。

b. 目标（完成挑战所需要的时间）可以由高到低进行设置，时间紧或协调性不好的话目标可以设置得高一些。

c. 坐下来的时候慢一些。

⑥项目实施。

a. 分两队练习。练习时间为 10 分钟：各队设置预定目标（多少秒）；讨论注意事项有哪些？

b. 确定上场顺序。先上场的团队到场地中间，排成两行；其他团队围成一个大圆圈。

c. 可以根据需要进行若干轮比赛。

经验分享

（1）在这个项目中，你有什么收获？

（2）在很多情况下，团队可以创造奇迹。没有完美的个人，只有完美的团队，在团队中，人与人是相互支撑、相互依靠的。人在一起不是团队，心在一起才是团队。你是如何理解这段话的？

总　结

思　考

以下情况能否有助于团队目标的实现？为什么？

（1）坐下和起立时，先后顺序不一致。

（2）挽胳膊时挽错，挽得不紧，站在两端的不挽。

（3）松开伙伴的手臂扶地，没有和身边伙伴一同站起。

（4）左右缝隙太大，借力困难。

（5）前后不对应，背不靠在一起。

（6）站起来的时候身体前倾，没有形成人字支撑。

（7）个别队员起立速度非常快，而使身后队员失去支撑。

（8）团队没有激情或者没有达到目标的欲望。

项目四　拉练拓展

项目概述

拉练拓展是指长距离的步行，目的是磨炼学生的品质，提升学生的体能，也是对前期团队建设成果的展示。在拉练拓展的过程中，每个人都会在一种纪律严明的压力下磨励自己，使整个团队变得更加团结和更具有凝聚力。

实训目标

培养队员吃苦耐劳、责任担当意识，锻炼队员的组织能力、沟通能力和人际交往能力，加强团队合作精神。

操作流程

（1）人数、时间：项目人数以≤ 200 人为宜，项目完成时间可根据距离远近自行确定。

（2）场地器材：室外有利于步行且相对安全的区域，准备好队旗、太阳帽、水、食物、证件、哨子、话筒、急救药品等。

（3）操作规则。

①前期准备：组织各团队骨干充分讨论，拟订拉练拓展活动方案；派出先锋队实地考察路线、印制横幅；提醒全体队员提前准备好太阳帽、水、食物等，各团队统一收好开展活动所需款项、证件等。

②安全措施：开展活动前加强对队员的安全教育，强化团队合作精神；拉练过程中以领队、总指挥、秘书长、班长、教学助理、队长、政委或助理为管理班子（班子成员可根据需要自行设定），分小组落实管理责任到人。

③全体队员集合完毕后签到和清点人数；做拉练拓展总动员、拍集体照。

④从起点到事先设定的目的地进行拉练拓展，路上每个关键节点提醒队员注意安全。

⑤到达预定目的地后开展团建活动、拍集体照。

⑥从目的地返回起点，同样路上每个关键节点提醒队员注意安全。

图 1–9

经验分享

（1）与其他团建项目相比，拉练拓展项目你有什么不一样的体验？

（2）你怎样理解“痛并快乐着”这句话？

总　结

思　考

（1）如果团队中有队员掉队了，我们应该怎样解决？

（2）如何才能确保拉练拓展训练得以顺利进行？

项目五　我们是最棒的

项目概述

“我们是最棒的”是一个需要团队全体成员协作完成的项目。全体队员只有团结协作、互相鼓励、永不言退，才能打造出一个优秀的团队。

实训目标

加强团队协调与合作精神，增强队员自信，培养集体荣誉感。

操作流程

（1）人数、时间：可分若干组进行，每组人数约 10 人左右，项目完成时间每组约需 5～10 分钟。

（2）场地器材：室内或室外宽阔平整的场地。

（3）操作规则。

①团队全体成员围成一个圆圈，用双手先拍打左边伙伴的肩膀，接着拍打右边伙伴的肩膀，集体边做边喊统一口令（ 口令为：“1、我，12、我们，123、我们是，1234、我们是最，12345、我们是最棒，123456、我们是最棒的，耶！”）。拍打左边时喊数字，拍打右边时喊文字，最后集体做出胜利的手势并喊“耶”！

图 1–10

图 1–11

②比赛规则。

a. 活动过程中如果出现喊错、做错或不发出声音，团队重新开始。

b. 完成活动时间最短的团队即胜出团队。

经验分享

（1）当你犯错时，你会怎么做？

（2）当手拍红时有感觉吗？为什么？

总　　结

思　　考

（1）如何做到团队中每个成员的口令和动作协调一致？

（2）如果有队员出错，我们是该批评还是鼓励？

·理论升华·

一、团队与团队精神

(1) 团队是指由两个或者两个以上有共同理想目标，愿意共同承担责任，相互分工协作的个体所组成的共同体。

(2) 团队精神是团队在运行过程中所体现出来的精神风貌，是合作意识、凝聚力、士气的集中体现，其核心是团队凝聚力。通常包含三个层面的内容：

①团队的凝聚力。

②团队的合作意识。

③团队士气。

二、团队组织建设的五大要素

团队组织建设的五大要素包括目标、人、定位、权限、计划。

三、团队组织建设的基本过程

(1) 初始形成。

(2) 达成共识。

(3) 常态运作。

(4) 适时解散。

四、如何提高团队精神

(1) 明确提出团队目标。

(2) 健全团队管理制度。

(3) 创造良好的沟通环境。

(4) 尊重每一个人。

(5) 引导队员参与管理。

(6) 增强队员全局观念。

第二单元　团队文化建设

实训总课时：4 课时

项目一　人椅

项目概述

人椅是一个广为人知的经典拓展项目，在本项目中队员需要体验团队精神，要求团队中的每一个人都要充分贡献自己的力量。

实训目标

让队员体会到团队协作及个人在团队中的重要性。

操作流程

（1）人数、时间：可分组进行，每组 10 人左右，项目完成时间每组大约需要 10 分钟左右。

（2）场地器材：室内或室外宽阔平整的场地，准备秒表一块，纸笔若干。

（3）操作规则。

①全体队员围成一个圆圈。

②每位队员将双手放在前面一位队员的双肩上。

③每位队员听从培训师的指令，缓缓地坐在身后队员的大腿上。

图 2–1

④坐下后，培训师再给予指令，让队员喊出响应的口号（如齐心协力、勇往直前）。

⑤最后以小组竞赛的形式，看看哪个小组可以坚持最长时间。

⑥安全提醒：近期做过手术或腿、腰椎有不适者可不参与项目挑战，站立一旁做观察记录员。

经验分享

（1）在游戏过程中，自己的精神状态是否发生变化？身体和声音是否也相继发生变化？

（2）在发现自己出现以上变化时，是否及时加以调整？

（3）是否有依赖思想，认为自己松懈对团队影响不大？最后出现什么情况？

（4）要想在竞争中取得胜利，关键因素是什么？

总 结

思　考

（1）千万别以为这么多人，只有你一人松懈一下没关系，若是所有人都有这样的想法，那你就休想舒服地坐着，结果只能是被重重地压在地上。你是否感受到了这一点？

（2）要想坐得长久，坐得舒服，坐得安全，每个人都应该先当好一把椅子。这种说法对吗？

（3）如果离开这个团队，你的这种“马步”姿势不但会让你孤立无援，而且还形同“僵尸”、空乏无意义。你是如何理解这句话的？

项目二　团队文化展示

项目概述

团队文化展示可以帮助团队更好地树立核心价值观、行为准则、管理制度等内容，从而达到凝聚人心、约束团队成员行为、促进相互合作的目的。

实训目标

（1）让团队文化深入人心，达到“用文化凝心聚力”的目的。

（2）在展示团队文化的过程中，锻炼团队成员的创新思维、表达能力和组织协调能力。

操作流程

（1）人数时间：可分组进行，每组 10 人左右，项目完成时间约需 80～120 分钟。

（2）场地器材：室内或室外宽阔平整的场地。准备队旗、彩色笔、竹竿若干。

（3）操作规则。

①团队文化设计。团队文化设计的内容包括队名、队徽、口号、队歌、队规等。

图2-2

②团队文化展示。

a. 队名：队名应该是具有积极乐观向上，含义深刻的名字。

b. 队徽及介绍：队徽应该与队名相联系，与意象相关联，由队员共同设计，并达成一致。介绍包含队徽的整体意象、每一个部分分别代表的含义。

图 2-3

c. 口号：全体队员为达到团队目标的激励性口号，体现团队的价值观。

d. 队歌：队歌应该起到催人奋进的效果，唱起来激情澎湃，能凝聚小组力量。建议不要选择太缓慢、太抒情的歌曲。队歌最好也能与本小组的名称或相关文化相联系。

e. 队规：队规是指本组组员共同遵守的承诺，即“小组公约”。切入点要细而实，操作性强，从日常学习和生活中要做到的小事设立。每队队规设置 4～6 个比较适宜。例如，爱护环境卫生、爱护公物、不乱丢果皮纸屑、遵守课堂纪律等。

③团队文化展示评比。全体队员共同选出团队文化展示中最优秀的团队，并给予奖励。

图 2–4

图 2–5

图 2–6

经验分享

（1）请问大家接到这个任务的时候，所做的第一件事情是什么？

（2）哪些因素使完成任务变得更加困难？

（3）团队中有哪些需要改变的？

总　结

思　考

（1）如何理解团队分工与合作的重要性？

（2）除了在课堂上所展示出来的内容，大家认为团队文化还包含哪些方面？

（3）此项目是团队文化的初次构建，在明确了团队文化的内容后，我们要在今后的活动中不断优化团队文化，你能想到如何进一步优化团队文化吗？

项目三　高台演讲

项目概述

高台演讲是站在设定的高台上，面对下面的众多观众，按照既定题目，在规定时间内进行演讲，以此锻炼、提升自己在特殊情境下的逻辑思维能力、语言表达能力和勇气。

图 2–7

实训目标

（1）提高队员在公众面前的语言表达能力。

（2）培养队员对时间的掌控和感觉能力。

（3）加深队员对团队文化主题的认知。

（4）培养队员挑战自我的信心和勇气。

操作流程

（1）人数、时间：项目人数以 20～40 人为宜，准备时间约 10 分钟，每人演讲时间在 2～3 分钟以内。

（2）场地器材：室内或室外平整的场地，准备桌子一张、秒表一块，摄像器材。

（3）操作规则。

①观看团队文化视频。

②给队员们 10 分钟准备演讲内容，内容主要包括两个方面：第一，简单描述视频中的内容；第二，观看视频后的心得体会。

③高空演讲规则。

a. 这是每位队员都必须参加的拓展训练项目，所有队员轮流站到高台上进行脱稿演讲。

b. 演讲从站到台上那一刻开始，时间是 5 分钟，演讲时间不能少于 3 分钟，也不能超过 5 分钟。

c. 如果演讲结束时间未到，演讲者可以即兴发挥，说一些自己比较感兴趣的话题。

d. 当每位队员站在高台上进行演讲时，下面的队员（除去特殊情况下需要监控安全的队员）要全神贯注目视演讲队员，并且每分钟要鼓掌一次，以示激励。

e. 当最后演讲结束时，大家要对刚刚进行演讲的队员进行鼓掌祝贺，并以更热烈的掌声欢迎下一名演讲者。

f. 不限制演讲题材，对演讲者的身体动作也没有限制。

④注意事项。

a. 要反复检查高台的稳定性，确保演讲者的安全。

b. 要专门安排人员在高台两侧进行安全监控。

c. 培训师要全程密切关注高台演讲者的状态，确保其安全。

d. 对有恐高心理的队员要尽量鼓励，但不可过于勉强。

经验分享

（1）还没有上高台之前，你是什么心情？想要说的话都在心里打草稿了吗？

（2）上高台之后，当你目视下面观众时，是什么样的心情？有没有影响到你的发挥？有没有畏惧心理？你说的跟自己心里想的是一样的吗？

（3）如何克服自己的畏惧心理？

总　结

思　考

（1）通过团队文化的建设，你是否进一步了解了优秀团队文化必须具备的基本要素？

（2）你认可你们团队的文化吗？你们的团队文化有什么特色？

·理论升华·

一、团队文化的含义及特征

1. 团队文化的含义

团队文化，是一个团队由其价值观、信念、仪式、符号、处事方式等组成的特有的文化形象；是在一定条件下，团队生产经营、执行任务，以及管理活动中所创造的具有该团队特色的精神财富和物质形态。

2. 团队文化的特征

（1）继承性。

（2）相融性。

（3）人本性。

（4）整体性。

（5）创新性。

二、团队文化建设的主要内容与类型

（1）物质层文化。

（2）行为层文化。

（3）制度层文化。

（4）精神层文化。

三、优秀团队文化的基本要素

（1）优秀的团队文化具备民主、协作、融合等文化要素。

（2）优秀的团队文化使团队中领导和团员能够自由地将潜能发挥到极致，使团队变得更加强大。

（3）协作是团队的基本文化，其可以落实到工作流程、操作分工、管理制度等方面。

第三单元　团队领导力建设

实训总课时：6 课时

项目一　黑夜协作

项目概述

黑夜协作也称为盲人方阵，是一个以团体挑战为主的项目，需要大家在看不见的情况下，齐心协力，运用团队的智慧完成挑战。

实训目标

（1）培养团队成员的沟通意识，提高沟通技巧和决策能力。

（2）感受特殊情境下完成任务的合作方式。

（3）了解团队领导风格对完成任务的影响和重要作用。

（4）培养队员科学的思维方式和对知识的运用能力。

（5）使队员理解角色定位及尽职尽责地完成本职工作的重要性。

（6）理解“失与得”的辩证关系。

操作流程

（1）人数、时间：可以分若干组进行对抗，每组 10～14 人。项目完成时间约需 120 分钟。

（2）场地器材：室内或室外开阔平整的场地，准备与队员人数相等的眼罩和绳子若干（根据项目挑战的实际需要确定）。

（3）操作规则。

①每位队员戴上眼罩，然后通过触摸等方法找到 5m 范围内的绳子，在规定时间内把它围成一个绳长允许的最大的正方形、长方形和圆形等各种形状，确认完成后，通知培训师，得到准许后方可摘下眼罩。

图 3–1

②可以多组同时进行，也可以每组逐一进行。

③比赛规则：在规定时间内，根据所耗费时间长短确定名次，耗时最短者胜出，然后依次排名。

（4）注意事项。

①戴上眼罩后请大家缓慢移动绳子，不要用力拉扯，以免造成队员碰撞、跌倒。

②取下眼罩时，大家先闭一会儿眼睛，然后缓慢睁开。

经验分享

（1）你觉得在实训项目中出现了什么问题？

（2）实训项目中的哪个阶段最混乱？

（3）怎样才能更好地解决实训项目中出现的问题和混乱呢？

总　结

思　考

（1）团队领导的作用是什么？

（2）什么是领导力？领导力由哪些因素构成？

（3）怎样提升自己的领导力？

项目二　竞选团队负责人

项目概述

竞选团队负责人是结合高台演讲方式进行的一个项目，是一个以个人挑战为主的项目，需要队员们用胆识、口才和智慧赢得挑战的胜利。

实训目标

（1）竞选团队负责人，体验领导力的内涵。

（2）锻炼队员的心理素质，提高队员口头及书面表达能力、当众演讲的技巧、沟通能力和自我表现的能力，以及现场的应变能力。

操作流程

（1）人数、时间：项目人数为 40 人左右，也可以根据需要自行决定人数的多少，项目完成时间约需 120 分钟。

（2）场地器材：用桌椅和其他材质搭建的高台，可在室内或室外进行。

（3）操作规则。

①每位队员准备一份 3 分钟的演讲稿，1 分钟介绍你自己；1 分钟介绍你对领导力的理解；1 分钟讲解未来你对班级管理的规划。如果演讲时间不足 3 分钟，则即兴发挥，主题不限。

②站在由桌椅和其他材质搭建的高台上当众演讲，当演讲者出现忘词、紧张时，台下听众要鼓掌以示鼓励，不许喝倒彩，也不许漠视不理；当演讲者完成演讲时，台下听众要更长时间地鼓掌以示祝贺。

③所有参与项目的队员逐一完成演讲，如果有些队员存在紧张、胆怯，或者有恐高症，那么以其身心安全为重，可以引导和鼓励，不可以强制要求一定要完成演讲。

图 3-2

（4）注意事项。确保高台的稳定性，保证演讲者的安全，可选两名队员站在高台两侧做保护员，在演讲者出现晕眩等意外情况时提供安全支持，培训师全程关注高台上演讲队员的状态。

经验分享

（1）竞选团队负责人，应该如何展现并处理自己的优势和弱势？

（2）什么样的演讲才算是成功的演讲？

（3）怎样才能完成一次成功的演讲？

（4）每个人都需要领导力吗？

总　结

思　考

（1）团队领导力为什么能够有效地预测团队的执行力，进而预测团队的效能？

（2）在你看来团队领导非权力性影响力的构成因素有哪些？

（3）团队领导非权力性影响力的作用是什么？

（4）怎样建设团队领导非权力性影响力呢？

项目三　七巧板

项目概述

七巧板又名“益智图”，这是一个利用资源整合获得最大绩效的活动，这个活动和身边发生的许多事情极其相似，能带给我们许多反思和启示。

实训目标

（1）了解团队领导者的角色定位和领导作用。

（2）了解团队目标和个体目标之间的关系，并通过实践分析二者之间的关系。

（3）培养团队成员的沟通意识，提高沟通能力和技巧。

（4）学习竞争、合作与共赢之间的内在关系和学习价值。

操作流程

（1）人数、时间：项目人数为 40 人左右，项目完成时间约需 120 分钟。

（2）场地器材：颜色为红、黄、蓝、绿、橙色的拓展训练专用七巧板 5 套，每套 7 个，合计 35 个，图纸 7 张，任务书 7 张，记分板 1 块，可以安排 7 组人员围坐的场地。

（3）操作规则。

①所有队员 1～7 报数，分成 7 个组，第 7 组坐中间，身份是领导组，可以调配各组的七巧板和图纸，负责各组织间的信息、七巧板和图纸的传递，其他 6 组围坐在第 7 组的四周。

②按照场地要求坐在固定的地方，在 60 分钟内完成任务书上规定的任务。

③活动中不得走动，不许离开固定的区域，身体躯干部分必须有一部分在座位上；任务书不能离开自己，只能用手传递，不许随意抛接。

④按照任务书要求完成规定的任务，每完成一项任务及时通知培训师进行检查，确认完成后可获得相应的分数。在 60 分钟内，7 个小组得分总和达到 1 000 分以上的，则项目挑战成功。

图 3–3

经验分享

（1）你如何看待个体利益与团队利益的冲突性与一致性？

（2）项目挑战中出现了哪些问题？造成的原因是什么？

（3）项目挑战中，团队领导在协调团队沟通以及团队与个体利益方面有哪些得失？

总　结

思　考

（1）如果你是领导，你会怎样组织各组队员高效地完成任务？

（2）如果你是领导，你会应用哪些领导艺术？

（3）你认为在生活和工作中资源共享重要吗？

·理论升华·

一、领导力的含义

领导力是影响或带领他人去实现既定目标的能力，不是每个人都会成为团队的领导，但影响他人的能力却是每个人都需要的。

二、团队领导非权力性影响力的四级“金字塔”

1. 资源和形象

(1) 资源包括有形的物质资源和无形的人脉资源等，如物质财富、社交圈子和社会影响力。

(2) 形象是指一个人仪表、穿着、言行、气度等外在表现。

(3) 资源和形象是最基本的非权力性影响力要素，处于金字塔顶端。

2. 智商和情商

(1) 智商是一个人认识客观事物并运用知识解决实际问题的能力。

(2) 情商是一个人的情绪、情感和情操所形成的商值，也可称为情绪智力。

(3) 智商和情商是一个领导人重要的软实力，对其抉择和行为影响巨大。

3. 价值观和愿景

(1) 价值观是一个人对周围客观事物（包括人、事、物）的意义、重要性的总评价和总看法。

(2) 愿景是一个人对组织目标和个人成长目标的期望和心愿，通常是对未来的憧憬和语气，反映一个人追求的方向。

(3) 价值观和愿景是非权力性影响力的重要表现形式。

4. 道德和品质

道德是人们思想和行为的基础指导标准，是规范人类行为的价值尺度。

道德和品质处于金字塔的塔基，是一个人行为最基础的决定力量。

三、非权力性领导力的建设途径

1. 领导者要不断加强自身的道德修养

领导者良好的自身人格力量比千百次说教所起的教育作用要大得多。领导者要不断加强自身的道德修养，具体来说就是要做到：增强自律意识；加强职业道德建设；时刻反省自己。

2. 领导者要不断提高自己的能力

能力重点在于解决问题的能力，是领导者获得尊重和影响力的根本。领导者提升能力要做到：知人善任；科学决策；恰当表达；勇于开拓。

3. 领导者要不断丰富自己的知识

要适应日新月异、变更迅速的现代社会。领导者必须不断丰富自己的知识，提升学习能力，并带动下属进行学习，创造出学习型的组织环境。

4. 领导者要善于使用情感因素

领导者在工作中，要重视员工对情感的需要，并加以体验和引导，使之成为员工工作的动力。具体做到：尊重员工的自尊心、自信心和工作热情；从善如流；体察员工的困难，帮助其渡过难关。

四、团队领导的功能

1. 组织团队的功能

团队领导组织团队的功能具体来说有：制定目标，做出决策；组建机构，合理地使用人、财、物。

2. 激励团队的功能

团队领导激励团队的功能具体来说有：激发被领导者接受、执行组织目标的自觉性；激发被领导者实现组织目标的热情。

五、团队领导艺术

1. 用人的艺术

善于用人所长，善于用人所爱，善于用人所变。

2. 决策的艺术

决策前要注重调查，决策中要注意民主，决策后要狠抓落实。

3. 处事的艺术

做自己该做的事，着眼于明天的事，做最为重要的事。

4. 协调的艺术

对上请示沟通，对下沟通协调，对外争让有度。

5. 运时的艺术

强化实践意识，学会管理时间，养成惜时习惯。

6. 理财的艺术

具体来说要做到懂得怎样去赚钱，还要懂得怎样去管钱，尽可能开源，尽可能提高财富的收益率。

7. 说话的艺术

提高语言的基本功，并要提高语言表达艺术，做到言之有物，言之有味，把话说得既形象生动，又意味十足。

8. 激励的艺术

领导者要调动大家的积极性，要学会如何激励下属，具体做到：激励要注意适时进行，要注意因人而异，要注意多管齐下，一般情况下不做过度的、延迟的、不能投其所好的激励。

第四单元　团队激励机制建设

实训总课时：6 课时

项目一　动机与物质激励

项目概述

动机与物质激励是一个以物质为激励手段，个人挑战和团队挑战相结合的项目。

实训目标

（1）让队员体验物质激励的重要性和局限性。

（2）让队员感受激励与动机的关系。

（3）了解团队激励的常用方法。

（4）了解经典的激励理论。

操作流程

（1）人数、时间：项目人数为 40 人左右，项目完成时间约需 120 分钟。

（2）场地器材：室内宽阔平整的场地，可事先准备好队员感兴趣的奖品，如网购的代金券、化妆品小样、笔记本、图书等，还可以在座椅底部贴上面值不等的人民币样币作为奖品。

图 4–1

（3）操作规则。

①在奖品上贴上速贴标签，上面写着“成功来自于能够，而不是不能”“撸起袖子加油干”等口号，队员们大多会被口号激励，并做好准备。

②以小组为单位，任何团队成员做出积极主动的行为，如讲出一个深刻的见解，或者用一句幽默的话打破了房间的沉闷气氛等，即可赢得一件奖品作为奖励，如果做出消极举动，则扣发一次奖品。

经验分享

（1）在项目实训中你获得了什么奖品？收到奖品时的感受如何？

（2）物质总是能激励到你吗？

（3）谈谈你自己最喜欢的激励方式。

总　结

思　考

（1）物质激励在什么情况下是无效的（即物质激励的有限性）？

（2）激励的作用有哪些？

（3）怎样才能做到自我激励？

项目二　赞美的力量

项目概述

赞美的力量（也可称为天使来信）是一个以语言赞美为非物质激励手段，以及以个人挑战为主的项目。

实训目标

（1）学会非物质的激励方法。

（2）感受赞美和激励的力量。

（3）增强队员的书面表达能力和沟通能力。

（4）获得自我激励的心理力量，培养积极向上乐观开朗的性格。

（5）了解激励机制的设计原则与运行模式。

操作流程

（1）人数、时间：项目人数为 40 人左右，项目完成时间约需 120 分钟。

（2）场地器材：多媒体教室、音乐《神秘园》。

（3）操作规则。

①各队员把自己的名字写在一张纸片上，对折。

②将纸片打乱，每位队员抽取一张纸片，纸片上的名字就是你的“国王”或你是他的“天使”。如果抽到自己的名字，告诉老师或培训师，换一张纸片。

③在 20 分钟内尽可能地赞美你的国王，完成天使来信，但不要暴露国王的名字。

④每组选出写得最好的天使来信，并请国王就坐在教室前排，随机选择队员向国王阅读该天使来信。

⑤请国王们谈谈自己的感受，请每位天使把你的信读给国王听。

图 4–2

经验分享

（1）收到天使来信，你有什么样的感受？

（2）不当的赞美会产生什么样的影响呢？

（3）适当的赞美能起到激励作用吗？

总　结

思　考

（1）激励团队成员的正确方法是什么？

（2）激励为什么对提升个人和团队效能有效呢？

项目三 挑战150秒

项目概述

在150秒内完成一系列看似不可能的任务（挑战150秒是一种项目组合模式，可以安排不同的项目组合，如同步仰卧起坐等）。这个项目对于团队和个人来说都是不小的挑战，然而通过努力我们将看到“一切皆有可能”。

实训目标

（1）培养队员即兴写作能力。

（2）了解团队学习的成长潜力与成长过程，培养队员快速学习的能力。

（3）培养队员在压力下坚持不懈地努力和敢于拼搏的精神。

（4）体验愿景奖励机制。

（5）通过激励机制提升个人与团队的效能。

（6）掌握“激励”这一认识自己、发展团队的工具。

操作流程

（1）人数、时间：项目人数为40人左右，每组不少于14人，项目完成时间约需120分钟。

（2）场地器材：宽阔平整的场地，“不倒森林”器材一套，“诺亚方舟”1个，可供10人使用的跳绳一根，能量传输器材一套或者“击鼓颠球”器材一套。

（3）操作规则。

①通过团队的努力，在规定的150秒时间内完成下述6个项目。

a. 不倒森林：用8根80cm或100cm的杆或棍首尾相连，组成一个圆后按顺序从某一个队员开始，右手按在杆头，左手背在身后，保持一定距离，大家同时向前去按前一个人的杆，连续完成 8 次回到原位，杆倒或用手抓杆都从头开始。

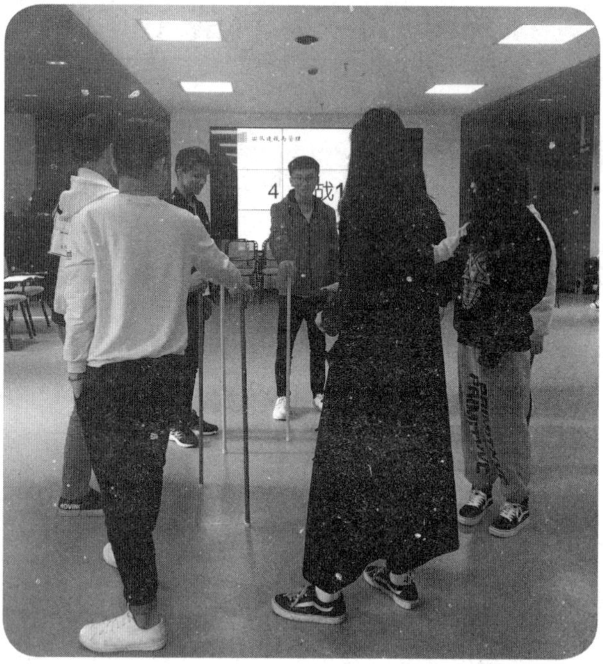

图 4–3

b. 诺亚方舟：8 个人同时站在 40cm 方石台或者汽车轮胎或者一张报纸大小的纸张上保持 6 秒，任何时候有人脚触地即重新开始。

图 4–4

c. 集体跳绳：共需 10 个人参加跳绳，每人跳 10 次，任何时候有人中断即重新开始。

图 4–5

d. 能量传输：在 6m 的距离内，6～10 人每人手持一截 20～30m 的 U 型管，将小球在 U 型管上连续传递到放置在终点处的杯子里，整个过程不允许用手扶球，球不能倒退，球落地后从出发点开始重新传递。

e. 击鼓颠球：6～10 人每人牵起同心鼓的一根绳子，分两个阶段竞技，第一阶段在 2 分钟内颠球，累积计数；第二阶段从颠球开始到球落地结束，记录颠球数，最后将两个阶段颠球数相加，数目大者获胜。

图 4–6

f. 激情击掌：所有人围成一个圆圈，击掌 6 次，每击一次掌说出一个字，第一次说一个字，第二次说两个字，以此循环增加。击掌时先用手掌拍左边队友肩背部 1 次，然后拍右边队友 1 次，随后体前屈击掌一次，然后拍左边队友 2 次，拍右边队友 2 次，体前屈击掌 2 次，如此循环增加直到完成事先设定的令词。以“我们是最棒的”为列，过程为“1、1、我”“12、12. 我们”“123、123、我们是……”以此循环增加。

图 4–7

②项目挑战前，各队有 40 分钟时间练习，活动项目和顺序由各组自己决定，练习结束后进行挑战并努力获得成功。

③活动中请注意安全并合理分配时间，确保 40 分钟内每个项目都有练习的机会；最先完成的队伍获胜，可获得相应奖励。

经验分享

（1）完成项目最大的挑战是什么？怎样克服这些挑战？

（2）面对压力，你的表现是什么？

（3）经过这次项目的拓展训练，面对以后学习、生活中的挑战和压力，你是否有所改变？

总　结

思　考

（1）如果你是团队领导，你将怎样调动团队成员的个人积极性，使其充分发挥各自特长，实现团队的分工协作？

（2）你应如何面对压力？例如，学习中的压力、生活中的压力，或者学生社团、兼职工作带来的压力，等等。

·理论升华·

一、团队激励机制的内容

1. 诱导因素集合

诱导因素就是用于调动员工积极性的各种奖酬资源，根据团队成员个人需要和组织所拥有的奖酬资源，合理地设计各种奖酬形式。

2. 行为导向制度

行为导向制度是组织对其成员所期望的努力方向、行为方式和应遵循价值观的规定。组织利用奖励机制培养主导价值观，为实现组织的各种目标服务。

3. 行为幅度制度

行为幅度制度是指对由诱导因素所激发的行为在强度方面的控制规则，通过行为幅度制度，可以将个人的努力水平调整在一定范围内，以防止一定奖酬对员工激励效率的快速下降。

4. 行为时空制度

行为时空制度是指奖酬制度在时间和空间方面的规定。包括特定的外在性奖酬和特定的与绩效相关的时间限制，以及员工与一定工作相结合的时间限制，还有有效行为的空间范围。

5. 行为归化制度

行为归化是指对成员进行组织同化，以及对违反行为规范或达不到要求的行为进行处罚和教育。

二、历久弥新的经典激励理论

1. 内容激励理论

（1）需要层次理论：该理论创建者为美国心理学家马斯洛。基本内容是人的需要是由生理需要、安全需要等不同层级组成的，当下一级需要获得基本满足后，人们追求上一级的需要就成为驱动行为的动力。

（2）双因素理论：创建者为美国心理学家弗雷德里克·赫茨伯格。主要内容是使员工感到满意的都是属于工作本身或工作内容方面的；使员工感到不满的，都是属于工作环境或工作关系方面的，而且满足各种需要所引起的激励深度和效果是不一样的。

2. 过程激励理论

（1）期望理论：创建者为心理学家艾瑞克·弗洛姆。主要内容：一项奖酬措施能否被一个特定的人接受，能对他起多大的激励作用，受到两个因素的影响，可公式化为：$M=V\cdot E$。其中 M 是激励作用，V 是效价，E 是期望值。

（2）公平理论：创建者为美国心理学家约翰·斯塔希·亚当斯。主要内容：人们追求公平，而公平感来自个人与他人或与自己过去的投入和所得比率之间的比较。当人们感到不公平时会通过调整自己的行为，按酬付劳，以恢复公平。因此，感觉公平时人们向高的看齐；感觉不公平时人们向低的看齐。

3. 行为改造理论

（1）强化理论：行为主义学派强调行为的结果对动机具有强化作用，可以增强，也可以削弱，前者为正强化，后者为负强化，主要有四种：积极强化、惩罚、消极强化、自然消退。

（2）归因理论：研究人们对自己行为的结果归因及其对以后行为的影响。“因”有四种：能力、努力、任务难度和运气。积极的归因模式对人的行为有很大的影响。

（3）挫折理论：这是关于个人的目标行为受到阻碍后，如何解决问题并调动积极性的激励理论。挫折是一种个人的主观感受，同一遭遇，有人可能感受到强烈的挫折，而另外的人则不会。

三、激励机制的设计原则与运行模式

（1）目标结合原则：团队目标和成员目标、长期目标和短期目标、使命目标和经济目标、变革目标和生存稳定目标相结合、共和谐。

(2) 手段并举原则。有形的物质经济激励手段应和无形的激励手段，如地位、权力等相结合。

(3) 惩恶扬善原则。引导被激励者自觉发扬好的行为，放弃不好的行为，对符合组织期望的行为进行奖励，反之进行惩罚。

(4) 公平合理原则。应一视同仁，避免随性而起，差别对待。

(5) 直观公开原则。直观性和公开性与激励影响的心理效应成正比，要让员工能感受到激励的内容和效果。

(6) 时效性原则。适时进行激励，有利于激发员工的热情和创造力；过时的激励效果犹如过季的产品，吸引力大为下降。

(7) 按需激励原则。了解员工的不同需要，并且因人而异地满足其需要，有针对性的激励才能收到理想的效果。

四、团队激励的常用方法

1. 竞争激励

利用优秀员工榜、竞赛和职位竞选等竞争方式，刺激每位成员的进取心，使他们力争上游，发挥出其最大潜能。

2. 薪酬激励

通过个人薪酬激励和团队薪酬激励，以激发个人的进取心，增强团队的凝聚力，达到促进团队成员的成长，提升团队组织效能的目标。

3. 事业激励

通过工作激励、荣誉激励和晋升与增加责任感等方式，促成团队成员的事业发展，帮助其实现个人价值。

4. 愿景激励

通过职业发展、培训与学习机会等方式给予愿景激励，往往是十分行之有效的激励方式。

第五单元　团队沟通机制建设

实训总课时：10 课时

项目一　猎人、老虎、枪

项目概述

此项目名称为“老虎、猎人、枪”。主要通过队员之间的对抗，锻炼大家的沟通能力、应变能力、协调能力，让大家在欢乐中培养团队意识。

实训目标

（1）活跃气氛。

（2）锻炼沟通能力、协调能力、决策能力。

（3）培养团队合作精神。

操作流程

（1）人数、时间：可以分若干组进行两两对抗，每组 10～14 人，项目完成时间约需 90 分钟。

（2）场地器材：宽阔平整的场地。

（3）操作规则。

①令词为“猎人、老虎、枪”，挑战时双方背对背站立，当裁判或培训师喊令词的最后一个字“枪”时，双方同时转身面向对方，并各自统一做出一个动作。猎人的动作是左手叉腰，右手八字顶在下颚处，双脚呈稍息状并发出“呵呵”声；老虎的动作是双手弯曲置于胸前，并跳出来做老虎叫；枪的动作是双手举起呈手枪状并瞄准前方，同时发出“呯呯”声。（注：猎人、老虎、枪发出何种声音也可以由各队自行商议决定，但各队动作必须统一。）

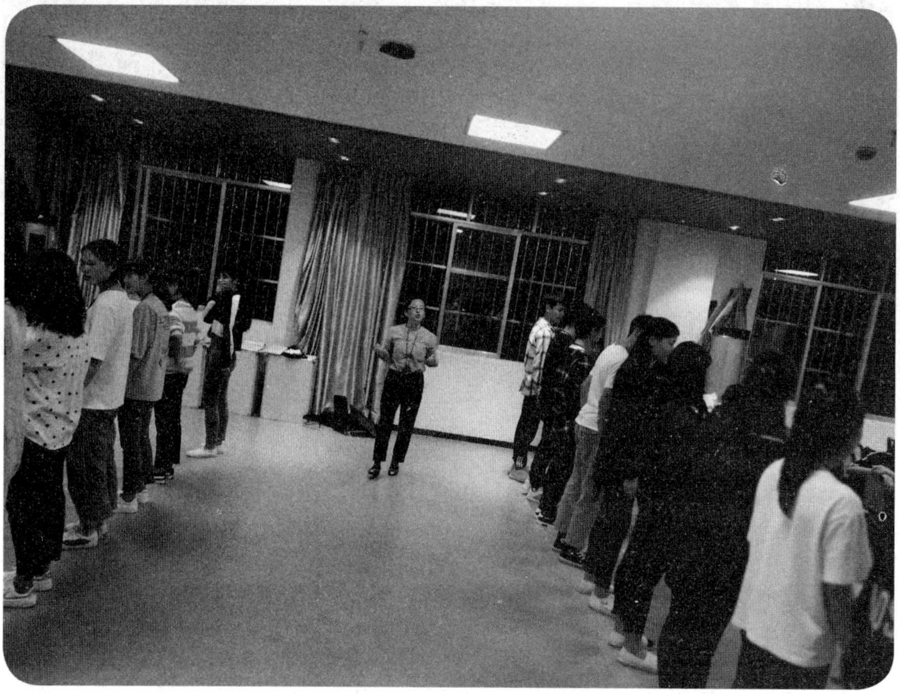

图 5–1

图 5–2

②比赛规则：双方以动作判定输赢，猎人赢枪、枪赢老虎、老虎赢猎人，动作相同则重新开始。动作不统一、声音不一致都算输。

经验分享

（1）你能否在此游戏的基础上开发出更多的新游戏？

（2）你认为这个游戏最大的亮点在哪儿？获胜的关键是什么？

总 结

思 考

（1）你认为沟通在实现目标的过程中有什么作用?

（2）你在此游戏中最大的收获是什么?

（3）如何才能让团队成员保持言行上的一致呢?

项目二　变形虫寻宝

项目概述

“变形虫寻宝”（或称为“信任之旅”）是一个建立在彼此间充分信任和充分沟通基础上的个人与团队配合相结合的项目，队员会在项目的挑战过程中体会到不一样的沟通方式。

实训目标

（1）培养团队成员的沟通能力、协调能力，掌握沟通的技巧。

（2）感受队员之间的相互帮助与关爱。

（3）体验信任对于完成任务的重要作用。

操作流程

（1）人数、时间：可以分若干组同时进行，每组 10～14 人，项目完成时间约需 120 分钟。

（2）场地器材：适合活动的室外场地，场地设有用于跨过、绕过、钻过的不同障碍，准备和队员人数相等的眼罩，以及小组数量相一致的宝物若干。

（3）操作规则。

①背景阐述：这是一个锻炼大家沟通能力的团队合作项目。我们是一群丧失了视力的盲人，现在需要共同努力通过一段充满荆棘的路途。

②每组设一名引导员和安全员（身体抱恙不适宜参加挑战的队员成为引导员和安全员，或者另外推选），安全员不能在本组负责安全监督，其余队员在挑战开始时带上眼罩。

③大家在挑战前可以相互沟通 20 分钟，挑战开始后全程不允许说话，引导员和安全员也不能说话。

④盲人依次牵手或双手搭在前一位队员的肩上前行，从规定起点出发之后返回到起点，捡上宝物挑战结束。

⑤快速带领引导员对穿越的路径进行一次探路活动，并简单告知易出危险之处。各组引导员不需要戴眼罩，并处在队伍的最后。安全员不需要戴眼罩，全程维护监督所负责队伍的安全。

图 5–3

（4）注意事项。

①要求道路地面平整，障碍物设置明显，不要设置尖锐的障碍物。

②路程设置最好在 300m 左右，障碍依难度设定 5～6 个，难易结合。

③队员戴上眼罩后不要随意走动、打闹和嬉戏。

④引导员严禁有意加大难度或开玩笑，不要催促队员。

⑤安全员在不得发出声音的前提下，保护并监督移动中的队员。

⑥提醒队员摘下眼罩时先闭上眼睛一会儿后再慢慢睁开眼睛。

经验分享

（1）你在此活动中信任队友吗？

（2）你所在团队挑战成功或失败的原因是什么？

总　结

思　考

（1）你觉得信任对于完成此次挑战重要吗？

（2）除了语言沟通之外，肢体动作也是很重要的一种沟通方式，生活中你会使用哪些肢体动作进行沟通呢？

（3）你认为此项目挑战成功的关键因素有哪些？

（4）你能否以此项目为基础开发出相类似的挑战项目？

项目三　数字传递

项目概述

“数字传递”是一个考验团队沟通能力的项目。活动中信息传递的准确性和迅速性非常重要，要想挑战成功需要队员在沟通的技巧上不断磨炼，在挑战过程中队员将会得到很多的乐趣。

实训目标

（1）提高队员在沟通中对信息源的敏感度。

（2）培养队员在沟通中使用多种信息传递方式的能力。

（3）提高队员肢体动作的表达能力。

（4）培养队员的学习能力和积极参与的态度。

（5）培养团队合作精神，感受多环节合作中每一环节都起决定作用的重要意义。

操作流程

（1）人数、时间：最少 2 组或 2 组以上团队同时进行，每组不少于 10 人，项目完成时间约需 80 分钟。

（2）场地器材。

①室内或室外相对比较开阔的场地。

②白纸、笔、秒表、凳子。

（3）操作规则。

①各队队员排成一个纵队，如果有多个队伍，队与队之间保持适当距离。

图 5–4

②队尾的队员将得到一组数字，你们必须把这组数字通过某种方式传递给你前面的队员，然后由前面队员继续往前传递，一直到最前面一名队员，并将数字写在指定的纸上，看哪个小组传得准、传得快。

③传递过程中全体队员不允许说话，后面的队员手臂不能伸到前面队员面前，前面队员不能回头看。

④比赛进行三局，正确传递且不超过 5 分钟为有效，都正确传递时，时间快者获胜，都传错者为平局。如果平局，继续加赛一局决出胜负，如果全错，全体受罚。

⑤每轮比赛结束后有 5 分钟讨论时间，比赛过程违规即宣判失效。

（4）注意事项。

①不宜在烈日下和过于寒冷的室外进行。

②队员传递过程中动作不宜过大、过猛，尤其不得使用任何物品或用手用力敲打前面队员的头部，不允许有掐、捏等伤害身体的动作。

经验分享

（1）沟通有哪些方式？

（2）如何才能正确的进行沟通？

（3）你从活动中感受到了什么？

总 结

思 考

（1）你们在数字传递过程中是成功还是失败了？成功或失败的原因在哪儿？

（2）如何才能进行有效沟通？

（3）你是否感觉很困惑，自己已经表达得很清楚了，为什么对方就是不明白你的意思？你该如何解决这一问题？

项目四　冲出亚马逊

项目概述

“冲出亚马逊”是一个需要团队成员在良好沟通的基础上，相互信任、相互协作才能完成的挑战。挑战过程中大家必须相互依靠、齐心协力才能共渡难关，队员会在挑战过程中真正体会到相互协作和坚持所带来的喜悦。

实训目标

（1）培养队员的沟通能力、团队协作能力和创新能力。

（2）培养队员坚持、坚韧的良好品质。

（3）培养队员间相互信任、相互帮助、相互关爱的良好品质。

操作流程

（1）人数、时间：每组 8～12 人为宜，可以单独挑战，也可以小组间进行比赛，项目完成时间约需 90 分钟。

（2）场地器材。

①开阔平整的场地，场地不能太滑，挑战距离为每组人数减去 1m。

②粉笔、卷尺、秒表、长方形小木块若干（木块数量为挑战人数除以 2 再加 1）。

（3）操作规则。

①背景铺垫：你将和队友通过一段有食人鱼的亚马逊河段，我们只能借助木块和队友一起渡河，生命何其珍贵，任何一名队员都不能掉到河里。

②我们的目标是借助给定的木板和队友一次性穿越亚马逊河。

③在移动的过程中，木板任何时候都不能离开人，否则就会随水飘走

（即被培训师拿走）。

④在渡河过程中，除借除木板以外，身体上的任何部位都不能触碰地面，否则即为挑战失败。

⑤每个队的挑战时间是 30 分钟，在规定时间内全体队员要一次性到达对岸，木板全部收回视为挑战成功。

⑥完成项目时间最短且木板完好收回视为获胜队。

图 5–5

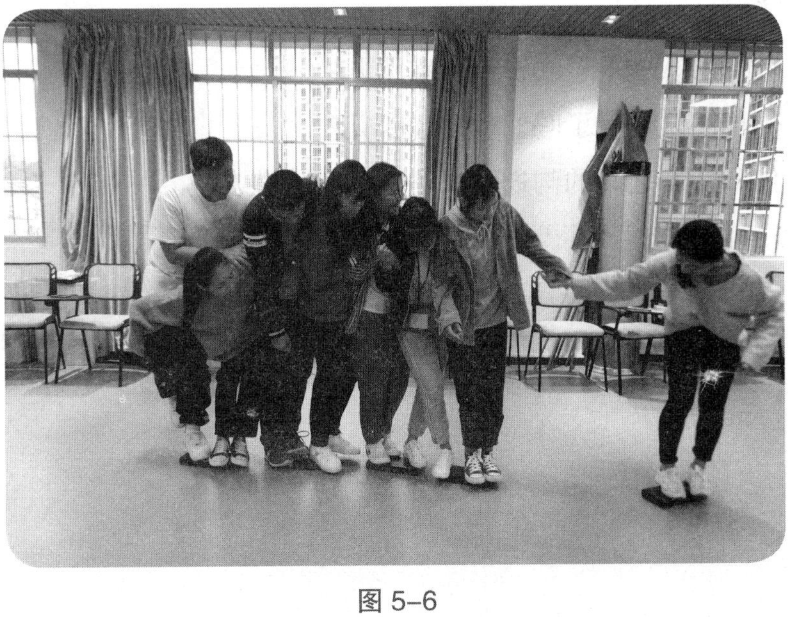

图 5–6

图 5–7

（4）注意事项。

①腿和腰部不适或有其他疾病者，近期做过重大手术者不能参加挑战，可作为观察员在一旁协助指挥。

②在挑战的过程中提醒队员不要着急，不要跨度太大，培训师在一旁协助保护。

经验分享

（1）你们团队成功了吗？经验在哪儿？

（2）你们团队失败了吗？教训在哪儿？

（3）你和队友之间的沟通顺畅吗？你相信队友吗？

总　结

思　考

（1）开展活动之前，与队友之间的沟通重要吗？

（2）活动过程中的相互沟通、相互鼓励重要吗？

（3）有人说“个人的力量是有限的，团队的力量是无限的”，你怎么看？

（4）沟通有哪些种类？

·理论升华·

一、沟通的含义

沟通是指信息的发送者和接收者之间为了某一个目的而进行的信息的交流和传递。

二、沟通的基本要素

（1）主体：信息的发送者和接收者。

（2）客体：主体之间表达意义的信息。

（3）编码和译码：编码是指将信息以某种方式表达出来；译码则是信息接受者在接收到信息之后，凭借自己的知识、经验等，将其还原为自己的思想的过程。

（4）通道：信息经过的路线，是发送者发送信息和接收者反馈信息的手段。

（5）背景：影响沟通的各种环境因素。

（6）反馈：接收者将接收到的信息经过解码后，将产生的信息传达给信息发送者。

（7）噪音：沟通过程中的干扰因素。

三、沟通的种类

根据借用的媒体不同，沟通可分为语言沟通和非语言沟通。

四、人际沟通障碍

（1）语言障碍。

（2）习俗障碍。

（3）观念障碍。

（4）角色障碍。

（5）个性障碍。

五、人际沟通技巧

1. 说好每一句话

（1）态度要诚恳。

（2）多谈对方感兴趣的话题。

（3）重视每一个人。

（4）学会使用万能语言。

（5）注意停顿。

2. 赢得人心的技巧

（1）记住对方的名字。

（2）真诚的赞美对方。

（3）专注耐心的倾听。

（4）善于从小事上关心他人。

（5）乐于助人。

（6）主动发现别人的需求。

（7）把荣誉留给他人。

第六单元　团队人际关系建设

实训总课时：4 课时

项目一　天使来信

项目概述

天使来信是一个充满“爱”的项目，每个天使都给自己的国王以适当的关心、支持和帮助，大家共同打造一个团结友爱的大家庭。

实训目标

让队员理解“爱的五种语言”，学会采用适当方式表达对别人的关心、支持和帮助，营造友爱、温暖、和谐的团队人际关系。

操作流程

（1）人数、时间：项目人数以 20～40 人为宜，可在课上或培训周期内进行，上课结束或培训结束时揭晓最后的结果。

（2）场地器材：宽阔平整的场地。小卡片、纸笔若干。

（3）操作规则。

①查找“爱的五种语言”，并抄写在笔记本上。

②让每位队员在小卡片上写上自己的名字，把小卡片收齐后打乱。

③每个人都是一位天使，天使抽出一张小卡片，卡片上的名字所对应的的人就是他（她）的国王。天使和国王的名字都不能透露出去。

④天使在国王不知情的情况下尽量去关注、支持或帮助自己的国王。

⑤给自己的国王写一封天使来信和精心准备一份小礼物。

⑥在天使大揭密时，为自己的国王送上天使来信和小礼物。

图 6–1

图 6–2

经验分享

（1）作为天使，在这段时间你为你的国王做了什么？

（2）作为国王，你是否感受到了你的天使“爱”的问候？

总　结

思　考

（1）你如何理解“爱的五种语言”？

（2）当接到天使来信和小礼物时，你有何感受？

项目二　螃蟹大战

项目概述

螃蟹大战是一个大团队内部进行 PK，体验心理博弈的一个游戏。

实训目标

让队员体验心理博弈，活跃气氛，营造欢快、热烈、友好的团队氛围。

操作流程

（1）人数、时间：可分组进行，每组 10 人左右，4～8 组为宜，项目完成时间约需 40 分钟。

（2）场地器材：室内或室外宽阔平整的场地。

（3）操作规则。

①螃蟹大战属于内部混战 PK 的游戏，需要和身边的人按照规则口令进行石头剪刀布的 PK，PK 时尽量找相近人数的竞争对手 PK。

②一开始，口中念出“螃蟹一只，爪八个啊，两头尖尖，这么大个啊。头一伸啊，脖一缩，爬呀爬呀，过沙河……”，同时做相应的动作。在喊“过沙河”时出石头、剪刀、布。

③输的一方接在赢的一方的后面继续 PK，直到最后一位胜出，封为螃蟹大王。

图 6-3

图 6-4

经验分享

（1）通过这个游戏你有什么收获?

（2）一开始的失利、失败没有关系，找到属于自己的位置，和大家一起合作期待最终 PK 的到来！你如何理解这句话?

总　结

思　考

（1）在进行心理博弈时，你的心态如何?

（2）营造欢快、热烈的活动氛围，对建立良好的团队人际关系有何帮助?

项目三　挑战 No.1

项目概述

“挑战 No.1”是一个大型的团队 PK 类项目，由能量传输、不倒森林、鼓动人生 3 个子项目组成。要完成这个项目，团队成员需要目标一致、相互信任、密切配合，这是成功的关键。

实训目标

通过团队 PK，让队员体验团结协作、相互信任、密切配合、鼓励支持的重要性，真正理解“人在一起不是团队，心在一起才是团队”的真谛。

操作流程

（1）人数、时间：可分组进行，每组 10 人左右，每组完成项目挑战约需 15 分钟。

（2）场地器材：室外开阔平整的场地，U 型管 10～20 块，木棍或 PVC 管 10～30 根（长度 1～1.2m），塑料小杯 4 个，高尔夫球 4 个（或有一定重量的小球），同心鼓 2～4 个。

（3）操作规则。

①能量传输：将 U 型管连成一个通道，把球从管道的起点运输到终点自由落到杯子里，整个过程手不能接触球，球只能直线前进，不能停止，不能后退，不允许掉地上，杯子不能移动，否则返回起点重新开始。U 型管只允许上下移动，不允许在有球的情况下左右移动。杯子不允许翻倒，身体不允许接触杯子。出现以上违规现象即重新开始。

图 6–5

图 6–6

②不倒森林：参与者围成一个圆圈，身体向左站在 PVC 管（或木棍）外侧，每位队员用右手按住 PVC 管（或木棍）的一端，队员以顺时针方向移动，用右手去按压前一位队员的 PVC 管（或木棍），整个操作过程中不能让 PVC 管（或木棍）横倒在地面上，也不能用手抓 PVC 管（或木棍），否

则重新开始，从起点转一圈回到起点挑战结束。

图 6–7

③鼓动人生：10 人或多人同时拉动同心鼓，连续颠球 6 次（颠球次数可酌情确定），如次数达不到即重新开始。

图 6–8

（4）注意事项。近期做过手术或腰、腿等部位不适者，作为观察员站立一旁监督记录。

经验分享

（1）你在练习时和比赛时的状态有什么不同？练习时候的状态对比赛的成绩有什么影响？

（2）哪个环节对你的团队来说最具挑战性？

（3）当团队出现失误时，你的心情怎样？你怎样面对团队的失误？

总　　结

思　考

（1）球为什么会经常落在杯外（只顾做手头上的工作，而忽略了方向和目标）？

（2）若接的杆子经常不垂直，该不该为其倒地负责？

（3）拉动同心鼓颠球时如何才能做到齐心协力？

项目四　激情晚会

项目概述

激情晚会是团建课程结课前的一个大项目，包含视频制作、课程总结、文艺表演、感恩的心、天使来信等几个小项目，也是对各团队的一次综合考核，是检验团队凝聚力的重要依据。

实训目标

检验队员团建课程的学习成果，培养队员学会感恩和责任担当，锻炼队员的组织能力、沟通能力和人际交往能力，加强团队合作精神。

操作流程

（1）人数、时间：项目人数至少20人以上，项目完成时间约需120分钟。

（2）场地器材：室内外宽阔平整的场地，音响、投影、话筒、矿泉水、一些小奖品等。

（3）操作规则。

①各团队完成“感恩的心”和“天使来信”两个项目的前期工作：团队手语表演、感恩卡、天使来信、小礼物；各团队准备1～2个文艺表演节目。

②各团队总结、班级总结、个人代表总结（②～⑤项按节目单穿插安排）。

③各团队文艺节目表演。

④“感恩的心”：各团队表演、全班表演。

图 6–9

图 6–10

图 6–11

⑤“天使来信”：幸运天使、天使大揭密。

经验分享

（1）你从“感恩的心”和“天使来信”两个项目收获了什么？

（2）通过这段时间“团队建设与管理”课程的学习和项目体验，你在哪些方面有了改变和提高？

总　结

思　考

（1）深入剖析一下自己的优点和缺点，找出自己的努力方向。

（2）找准自己在团队中的位置，学会感恩和责任担当，为团队发展做出自己的贡献。

·理论升华·

一、团队人际关系的含义及意义

1. 团队人际关系的含义

团队人际关系是指团队成员在团队活动过程中所形成的交往关系，是人们在共同的工作、生活、学习中结成的或因其他需要而建立的各种关系的总称。

2 团队人际关系的意义

（1）良好的人际关系有利于团队成员的身心健康。

（2）良好的人际关系有利于团队事业的成功。

（3）良好的人际关系有利于促进个体素质的提高和个体的全面发展。

二、影响团队人际关系的因素

（1）人的个性。

（2）态度的相似性。

（3）交往的频率。

（4）需要的互补性。

（5）空间距离的远近。

三、团队人际关系的内容

（1）团队内部个体与个体的关系。

（2）团队与外部个体的关系。

（3）团队与其他团队的关系。

团队人际关系的好坏影响着他人（团队）对团队的感情和看法，进而影响着他人（团队）对团队的认同和支持程度。

四、建设团队人际关系的方法

1. 建设团队人际关系的三个阶段

（1）注意阶段。

(2) 接触阶段。

(3) 融合阶段。

2. 人际交往的三种水平

(1) 合作水平。

(2) 亲密水平。

(3) 知交水平。

第七单元　团队能力建设

实训总课时：6 课时

项目一　大风吹小风吹

项目概述

“大风吹小风吹”是一个需要队员专注和集中注意力才能完成的游戏，主要锻炼队员的反应能力、逆向思维能力。

实训目标

（1）活跃氛围、调动队员的热情。

（2）锻炼队员的逆向思维能力。

（3）锻炼队员的反应能力。

（4）锻炼队员的倾听能力、专注力和注意力。

操作流程

（1）人数、时间：项目人数以 40 人左右为宜，可以整个团队同时进行，也可以分小组进行，项目完成时间约需 60 分钟。

（2）场地器材：空旷平整的场地。

（3）操作规则。

①所有队员手挽手围成一个圆圈，然后将手放下，让队员朝同一方向转身。

②当培训师说开始时，队员要成圆的状态向前慢跑或走路。

③当培训师说“大风吹，大风吹”时，队员发问“吹什么?”，培训师根据现场情况，随机回答出队员身上的某种物品，有该物品的队员要迅速蹲下，其他队员站立不动。（如大风吹，大风吹，吹什么，吹穿白衣服的，所有穿白衣服的队员要迅速蹲下，其余队员站立不动）。

图 7–1

④当培训师说“小风吹，小风吹”时，学生发问“吹什么?”培训师随机回答队员身上的某种物品，有该物品的队员要站立不动，其他队员迅速蹲下。

⑤培训师在队员行进的过程中发出口令。

（4）注意事项。

①需要蹲下的队员，如果反应慢或者没有蹲下为出错。

②不需要蹲下的队员，如果有蹲下的动作为出错。

③出错者要接受处罚，学兔子跳、学猫叫或唱歌跳舞等。

④近期做过手术或腰腿不适者作为观察员，站立一旁观察监督。

经验分享

（1）大风吹和小风吹的区别是什么？

（2）你有留意到大风吹和小风吹的变换吗？

（3）如果你是培训师，你会让风吹什么呢？

（4）这个游戏还可以怎样玩呢？

总　结

思　考

（1）你认为在生活和工作中遵守规则和灵活应变相冲突吗？

（2）在工作中，三心二意和专注相比较，哪个更容易取得较好的结果？

（3）你是一个善于创新的人吗？

项目二 穿越电网

项目概述

“穿越电网”或称“夺命蜘蛛网”，是一个典型的穿越障碍的团队合作项目，这个活动中的每一个人都需要做最大的努力，否则一个人的放松将会给别人造成更大的麻烦，甚至会让所有人前功尽弃。

实训目标

（1）培养队员合理计划、有效组织、统一行动、亲密合作的意识。

（2）提升队员充分利用资源和对资源的配置能力。

（3）让队员懂得合理分工与服从安排的重要性。

（4）锻炼队员的专注力和注意力。

（5）培养队员的团队的科学决策方法和严谨细致的工作作风。

（6）培养队员的节约时间的意识。

（7）让队员懂得珍惜生命，学会感恩。

操作流程

（1）人数、时间：可分组进行也可以单独挑战，每组人数 10～14 人，项目完成时间约需 100 分钟。

（2）场地器材：室内或室外宽阔平坦的场地，利用固定立柱（树桩）临时编挂一张 3～4m 宽，1.6m 高的“电网”，网内设有用于队员通过的网眼，数量为队员人数的 110%～120%，在较低处留两个相对较好通过的网眼。

（3）操作规则。

①“电网”上下左右均不能通过，无论成败，每个网洞只能使用一次，每次只允许通过一人。

②项目开始后任何人、任何物品、身体的任何部位都不能触网，一旦触网立即牺牲，牺牲的人员需要站在旁边的“烈士陵园”，在整个过程中不能再提供任何帮助的行为。

③同伴需要被抬起通过时，尽量保持面部向上，不允许个人窜跳过去。

④培训师记录牺牲人数，每牺牲一人，团队接受处罚，牺牲人数越多处罚越重。

图 7-2

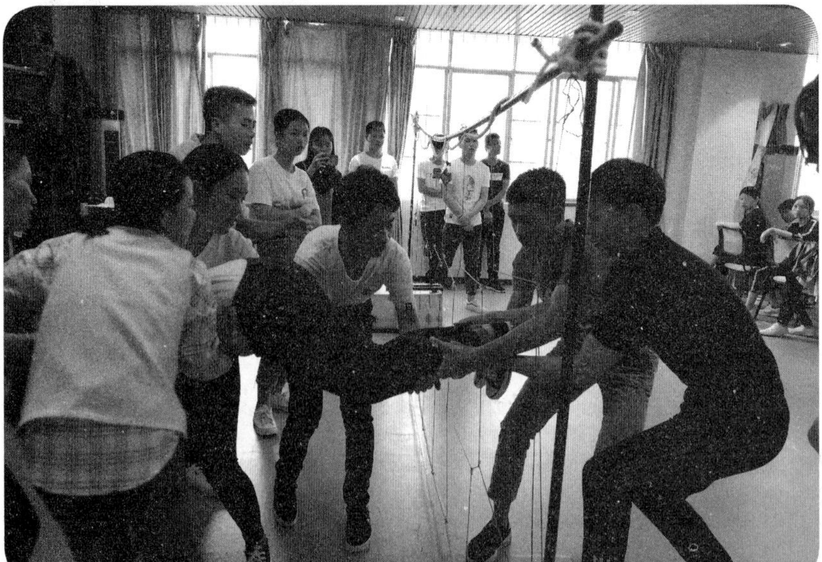

图 7-3

（4）注意事项。

①在项目开始时，请队员摘下胸牌、钥匙、手机、发卡、帽子、眼镜等尖锐、易碎物品。

②注意保护队员的安全，坚决制止违反安全规则的动作和行为。

③注意观察每位队员的表现（包括语言、行为、表情、时间、结果等），留在分享回顾阶段使用。

④在项目完成过程中，尽量近距离观察和监督，对所有安全通过的队员要给予赞美，始终让队员保持高昂的士气。

⑤身体有疾病、伤痛或近期做过手术者，均不宜参加挑战，可在一旁观察监督。

经验分享

你知道一共有多少网洞可以利用吗？又有多少网洞可以不用？我们有多少队员？通过此活动，你还有其他内容可以与我们一起分享的吗？

总　结

思　考

（1）你的队友是如何牺牲的？队友牺牲了你是什么心情？你有什么想法？

（2）当你牺牲后看着队友过电网，你是什么心情？你有什么想法？

（3）我们如何才能顺利地一次性穿过电网呢？

项目三　奇兵扫雷

项目概述

“奇兵扫雷”是一个以团队挑战为主的项目，挑战队员的创新能力、决策能力、学习能力和有序协作的能力。

实训目标

（1）培养队员善于尝试，不断创新的精神。

（2）培养队员打破常规，突破思维定式的意识。

（3）培养队员善于不断总结经验，节约成本，提高效率的处事能力。

（4）培养队员团队协作意识，充分合理利用资源的能力。

操作流程

（1）人数、时间：可分组进行，也可一组单独挑战，每组人数 10～14 人，项目完成时间约需 110 分钟。

（2）场地器材。

① 5～6m 见方的画有雷阵的场地，或专用喷绘雷阵图一块。

②笔、纸和教室用图一张，培训师可以准备墨镜一副。

（3）操作规则。

①要求全体队员从雷区的入口开始，依次通过雷阵，成功到达雷区的另一边，挑战时间为 40 分钟。

②队员只能从雷区入口进入。

③雷区内每次只能允许一人进入。

④每走一步只能迈进相邻的格子里，不准跳跃及试探。

⑤雷区中每走一步未被确认的新格子时要听培训师的口令，口令有两种："请继续"示意队员继续前行；"对不起有雷，请按原路返回"示意队员退出雷区，换另一人进入。

⑥全队按时通过为挑战成功，每违例一次加时一分钟，违例现象有四种：重复触雷、未按原路返回、踩线或未进入相邻的格子，进入雷区的人数多于1人。

图 7–4

（4）注意事项。

①场内要干净、整洁，不要有尖锐物品。

②队员必须站在雷阵两边与入口边线延长线的区域内。

③项目挑战中，除了口令外，培训师不与队员进行沟通交流，活动中有问题队员间自己解决，培训师不回答任何问题。

经验分享

（1）在未知的情况下，我们能大胆尝试吗？

（2）我们能接受失败吗？每次的失败经历给我们什么启发？

总　结

思　考

（1）失败的经验对于成功的作用和意义是什么？

（2）在未知的情境中，你敢于尝试和探索吗？

（3）如何减少重复犯错？

（4）对于个人或企业而言，创新精神和学习能力重要吗？

·理论升华·

一、团队能力建设的含义

团队能力建设是指团队为实现其发展目标，对所属成员进行一系列有目的、有计划，具有前瞻性、连续性的拓展训练活动，旨在改善其工作态度，增强工作技能，最终达到提升团队整体绩效的目的。

二、团队能力建设的内容

(1) 素质培训。

(2) 知识培训。

(3) 技能培训。

三、团队能力建设的类型

(1) 按培训内容不同可分为：基本技能培训、专业技能培训和员工态度培训。

(2) 按照培训对象不同可分为：新员工培训和在职员工日常培训。

(3) 按照培训目的不同可分为：应急性培训和发展性培训。

(4) 按照培训形式不同可分为：岗前培训、在职培训和脱产培训。

四、团队能力建设的常用手段和方法

(1) 讲授法：培训师采用口头语言的方式将知识系统地传授给队员。

(2) 游戏法：是一种由两个或更多的队员在一定的规则约束下，相互竞争以达到某种目标的训练方法，是一种高度结构化的活动方式。

(3) 案例研讨法：培训师通过对一些特殊情境的描述，引导队员对这些特殊情境进行分析、讨论、归纳总结的一种培训方法。

(4) 视听法：运用电影、电视、投影或录像等手段对队员进行培训，队员在观看、聆听过程中学习。

(5) 头脑风暴法：采用会议的方式，引导队员围绕议题广开言路，激发灵感，在各自的头脑中掀起风暴，毫无顾忌、畅所欲言地发表独立见解的一

种创造性思维方法。会议全程与会人员只能聆听、鼓励，不能相互指责。

(6) 角色扮演法：队员在观众面前，未经预先演练且无预定的对话剧本而表演实际遭遇的情境，并借此讨论在类似情况下可能出现的各种反应与行为，通过角色模拟既可锻炼表演者的心理素质，了解其内在潜能，又可帮助其提高解决问题的能力。

(7) 远程培训法：主要指利用现代网络技术对员工开展培训的方式。

第八单元 团队冲突性管理建设

实训总课时：4 课时

项目一 坦然面对

项目概述

坦然面对是一个广为人知的经典拓展项目，在本项目中队员体验团队精神，要求在团队中的每一个人都要充分贡献自己的力量。

实训目标

让队员认识和适应错误的发生，以帮助他们坦然自信地面对小错误。

操作流程

（1）人数、时间：可分组进行，每组人数 5～10 人，项目完成时间约需 30～40 分钟。

（2）场地器材：室内或室外较为宽阔、平整的场地，一些奇形怪状的小物品。

（3）操作规则。

①将队员分成几个小组，每组 5～10 人。

②让队员即席想一想，假如这时在你面前出现一个炸弹，你会怎么反应？让大家尽可能多地提出一些反应，并写在纸上。

③教大家“小丑鞠躬”的反应。当其他方法失败时，小丑鞠躬意味着面对观众，正视自己的失误，谦虚地说：“谢谢你们，非常感谢你们”。

④鼓励大家试一试小丑鞠躬效应的几个变形。例如，他们可以用深情的口气说，也可以像主持人一样热情地说，还可以像一个演讲者一样慷慨激昂地说。无论什么形式，只要大家喜欢，应该鼓励队员探寻自己的风格。

⑤让小组成员做好准备，把奇形怪状的物品拿给队员看，告诉他们，他们的任务就是尽可能多地说出这些物品的几种用途，然后跑回队伍中，再派下一个人去，以此类推。

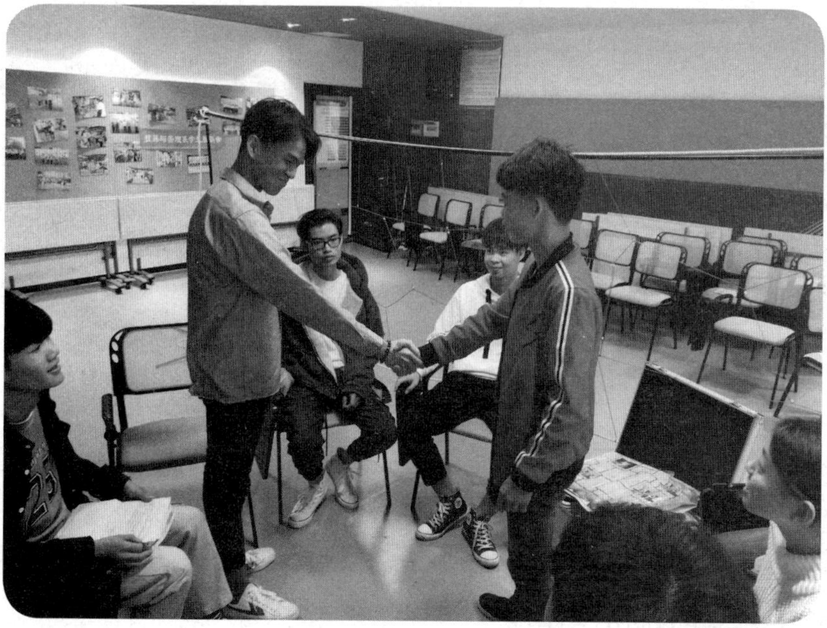

图 8–1

经验分享

（1）当你在团队中犯了小错，你希望团队成员如何对待你？

（2）通过这个游戏，你觉得解决冲突的有效途径有哪些？

总　结

思　考

（1）在接下来的日子里，你是否会犯一些小错？如果回答是肯定的，那么请试着运用游戏中的技巧，看看别人会有什么反应？

（2）人生中总是会有许多的风风雨雨，怎样克服全看一个人的意志和态度。你认为这句话对吗？为什么？

项目二　沙漠掘金

项目概述

沙漠掘金是近年来拓展训练室内体验的典型项目，在世界各地风靡已久，经常作为管理决策课程进行体系化体验。在一个可以冒险掘金的时代，若干小队在寒冬到来之前的 25 天里，需要有效配置 1 000 元启动资金，购买水、食物、指南针、帐篷等物资组成探险队，同时搜集各种可用信息，找准时机挖出大批金子，安全从沙漠返回，成为掘金王……

实训目标

体会团队建设性冲突的内涵，寻找解决建设性冲突的方法和途径。

操作流程

（1）人数、时间：可分组进行，每组人数 5～10 人，4～8 组为宜，项目完成时间约需 180 分钟。

（2）场地器材：大本营和活动道具。培训师将资料袋发给各队，请队员清查资料，资料袋里有：羊皮卷（地图）一幅、培训专用钱币 1 000 元、载重卡片 1 000 磅、采购单两张、交易记录表一张、进程表一张、笔一支、A4 纸两张。

（3）操作规则。

①课程情景模拟。

a. 每队出发前有 30 分钟的决策时间。

b. 每天每队只能沿着地图行进一个方格，包括斜对角的格子，不能跨越。

c. 在出发前，每队拥有启动资金 1 000 元（代金币），最大载重能力

1 000 磅（载重骆驼卡）。

d. 地理情况介绍。

大本营——可以买到食物、水、指南针和帐篷。风和日丽，绝大部分是晴好天气。

村庄——只可以买到食物和水，但比大本营里的要贵一倍。绝大部分是晴好天气。

沙漠——没有物品可买，各队之间也不可买卖。天气时好时坏。

绿洲——水源充足，在载重允许的情况下可以免费取水，但必须先消耗当天的用水后再补水。天气时好时坏。

国王古墓——什么也买不到，阴森恐怖。天气变幻莫测。

宝山——黄金储藏地，到达宝山的当天就可以挖到一块黄金。绝大多数是晴好天气。

e. 四种天气情况可能引起的后果介绍。

晴天——无论处在什么地方，每支队伍每天都只消耗 1 份水和 1 份食物。

风暴——每支队伍每天需要 2 份水，5 份食物，而且遇上风暴将导致迷路 3 天，在迷路的 3 天里，每一天都需要 2 份水，5 份食物；使用帐篷可以避免迷路，并且只需要 1 份水，1 份食物；使用指南针也可以避免迷路，但需要 2 份水，5 份食物。

高温——无论身处何地，每支队伍每天都需要 1 份食物，3 份水，因为高温天气是不可避免的。

高温加风暴——每支队伍每天需要 5 份食物，4 份水，而且将导致迷路 3 天，在迷路的 3 天里，每天都需要 5 份食物，4 份水；使用帐篷可以避免迷路，并且只需要 1 份食物，3 份水；使用指南针也可以避免迷路，但需要 5 份食物，4 份水。

f. 生存与安全防护物品介绍。大本营购买食物的价格为：10 元 / 份，重量为 10 磅 / 份；购买水的价格为 25 元 / 份，重量为 50 磅 / 份；指南针 100 元，重量为 10 磅，每个指南针只能使用一次；帐篷 400 元，重量 60 磅（3 张 20 磅的卡），每顶帐篷可以使用 3 次。村庄购买物品价格为大本营的 2 倍。只有食物和水：食物 20 元 / 份，重量为 10 磅 / 份，水 50 元 / 份，重量为 50 磅 / 份。

g. 当地人文情况介绍。队员们可以寻找向导，绝大多数人不了解当地沙漠里的情况，只有一个被称作“沙漠老怪”的人，在沙漠里生活经验丰富，对沙漠地区里的各种地理情况都了如指掌，“沙漠老怪”只在大本营接受提问并做出肯定或否定的回答。“沙漠老怪”回答一个问题，你们的探险队就必须在大本营里陪他一天，并且自付消耗。即便如此，“沙漠老怪”每天只回答每个探险队的一个问题，要想知道另一件事情，就必须再陪他一天。

h. 黄金价值及最终收益的介绍。

版本一：

在宝山中每天只能挖一块金块，每块重 50 磅，每磅金块价值 100 元。

第一队返回大本营获得现金为：金块数量 ×50 磅 ×100 元 ×100% + 剩余金币。

第二队返回大本营获得现金为：金块数量 ×50 磅 ×100 元 ×97.5% + 剩余金币。

第三队返回大本营获得现金为：金块数量 ×50 磅 ×100 元 ×95% + 剩余金币。

其他返回的探险队，所获积现金为：金块数量 ×50 磅 ×100 元 ×92.5% + 剩余金币。

版本二：

在宝山中每天只能挖一块金块，每块重 50 磅，每磅金块价值 100 元。

第一支返回的队伍，带回的金子，每 50 磅兑换 1 000 万元现金。

第二支返回的队伍，带回的金子，每 50 磅兑换 900 万元现金。

第三支返回的队伍，带回的金子，每 50 磅兑换 850 万元现金。

以后返回的队伍，带回的金子，每 50 磅兑换 750 万元现金。

i. 在整个过程中，金块是不可以交易的。

j. 在村庄买水或食物，村民们只收现金，不收黄金。

k. 交易中心。

· 在交易中心可以进行所有的交易。

· 各队在购物单上填写购物清单，拿到交易中心，把相应的金额和载重卡交给交易中心的工作人员。

· 各队每天都要把消耗的物品交回到交易中心，换回载重卡片。

· 各队在宝山每停留一天，都要用 50 磅的载重卡在交易中心换回一块黄金。

②课程情境模拟讲解后，进行团队组建与展示，每队应设置五个角色：队长、副队长、秘书、财务总监、骆驼骑士。共同创建一首“离歌”为牺牲在掘金途中的各队送别。

③目标：争取本队最大收益。拥有最多的金块和结余的探险队，成为掘金王，获得奖励。

④团队展示。

⑤介绍并演示相关内容。

图 8–2

经验分享

（1）通过这个游戏你有什么感想？

（2）在完成游戏的过程中，团队成员间是否有遇到意见不一致的情况？

（3）当遇到冲突时，你认为最好的解决途径是什么？

总　　结

思　　考

（1）找出关键问题，并且开创性地解决问题，才能够做到与众不同，遥遥领先。你是如何理解这句话的？

（2）发生冲突时，完善自己，友善地对待其他队员。因为我们的目标一致，冲突只是暂时的，为了更好地完成任务，要抓紧时间建设好自己的队伍，让冲突变为前进的动力。你是否赞成这一观点？为什么？

·理论升华·

一、团队冲突的概念

实践中，团队冲突是指两个或两个以上的团队成员或团队群体在目标、利益、认识等方面互不相容或相互排斥，从而产生的心理或行为上的矛盾，导致的抵触、争执或攻击事件。

二、团队冲突的日常管理

让团队成员尽情地表达，毫无顾忌、旗帜鲜明地表明自己的观点，避免回避、猜测、负面假设这样恶性循环的模式出现。

三、建设性冲突的概念

建设性冲突是指其目标是积极的，常常表现为冲突各方目标一致，是实现目标的途径及手段不同而产生的冲突。

四、团队建设性冲突的建设

(1) 主动激发不同意见。

(2) 多听多观察少言论。

(3) 厘清冲突起因。

(4) 适时提出问题。

参考文献

[1] 张周圆 . 高效能团队建设 [M]. 北京：经济管理出版社，2015.

[2] 钱永健 . 拓展训练 [M]. 北京：企业管理出版社，2016.

[3] 杨序琴 . 管理沟通实务 [M]. 成都：西南财经大学出版社，2016.

[4] 付伟 . 团队建设能力培训全案 [M]. 北京：人民邮电出版社，2014.

[5] 潘建林 . 团队建设与管理实务 [M]. 北京：机械工业出版社，2018.

[6] [美] 阿尔伯特 · 哈伯雷 . 把信送给加西亚 [M]. 路军译 . 北京：企业管理出版社，2002.

[7] [美] 戴尔 · 卡耐基 . 人性的弱点 [M]. 赵娜译 . 北京：中国青年出版社，2013.